LES POÈTES
CHANTERONT CE BUT

Les Écrits des Forges, fondés par Gatien
Lapointe, existent grâce à la collaboration
de l'Université du Québec
à Trois-Rivières

Le ministère des Affaires culturelles et
le Conseil des Arts ont aidé à la
publication de cet ouvrage.

Distribution

En librairie:
Diffusion Prologue
1650, boul. Lionel Bertrand
Boisbriand, J7E 4H4

Autres:
Diffusion Collective Radisson
1497, Laviolette
C.P. 335
Trois-Rivières, G9A 5G4
(819) 379-9813

ISBN
Écrits des Forges: 2 - 89046 - 230 - 7

Dépôt légal / Quatrième trimestre 1991
BNQ ET BNC

Bernard Pozier

LES POÈTES CHANTERONT CE BUT

Écrits des Forges
C.P. 335
Trois-Rivières, G9A 5G4

1991-1992: 75ième saison de la LNH
1993: 100ième anniversaire de la Coupe Stanley

LA SAINTE - FLANELLE

«Soudain,une clameur effroyable et plus prompte
Retentit dans ce lieu de carnage et de sang,
Puis une voix tonna: ...mais Richard lance et compte!»

Roland Gendreau

«Je pose un tiret et m'excuse d'avoir parlé de poème et de hockey dans un même article.
Mais n'écrit-on pas des acrostiches sur Maurice Richard.»

Pierre Perrault, (No. 15)

Félix Jacob

patrick roy

merci Ber

Theoren Fleury

CANADIEN

ce sigle sur la poitrine
qui voulait dire plus qu'un drapeau
identifiant mieux la nation même
quand chaque enfant recevait une boîte pleine de lainages
une tuque des bas un chandail à col roulé tricolores
et cet emblème aux deux lettres entrecroisées
que l'on dit tatoué sur le coeur
que chacun reconnaîtra partout dans le monde
comme un écho de son sang
tout au long de son vivant
et pour l'éternité des légendes
traversant les chandails pour atteindre la fibre des êtres
là où la vie fait qu'un peuple est un peuple
parce qu'il partage une appartenance une passion

pourtant cela commençait bien naïvement
debout droit dans le froid de l'enfance
parfois seul à lancer sur la bande
comme si toute la nation nous surveillait à la télévision
comme si le prochain tir réussi allait donner à tous
en période supplémentaire du septième match de la finale
pour toujours et à jamais
la Coupe Stanley de nos désirs

PREMIÈRE PÉRIODE

*«À tous les jours,je mange des céréales,du jello,
du sirop et du beurre de pinottes parce qu'il
faut en manger beaucoup si on veut avoir de la
santé et une grande collection de photos de
hockey»*

Marc Robitaille

*«le texte se rappelle un peu
ma mère aimait Doug Harvey
son beau Doug Harvey
son numéro 2
la rondelle se promène entre les T.V.
l'émotion gagne les salons»*

Claude Beausoleil

HOCKEY

ultra rapide chorégraphie
l'effort la rudesse la finesse en étreinte
lutte défoulement dépassement
le sport le plus exigeant du monde
le spectacle d'un art
sur le réel imprévisible
crépitement d'émotions
l'inédit qui se crée

mais avant tout un jeu

ÉCHAPPÉE

parfois délaisser l'écran
renouer avec le réel
réapprendre que le jeu a vraiment lieu
instantanément

goûter l'odeur de foule
les couleurs de l'enceinte
le son de l'action
les garder pour mémoire

sorti du bar
sorti du salon
même si l'appareil paraît inhabité l'été
le sport n'est pas une fiction de la télévision

UN RÊVE D'ENFANT

et si c'était un petit morceau de carton
avec une photo en couleurs
le chandail d'une grande équipe
l'indication d'une position
à côté du nom
et puis au dos des statistiques
peut-être même une caricature
tout cela sur une petite carte
perdue avec quelques autres
dans un papier multicolore
au comptoir des friandises
malgré le goût de la gomme
ce qu'elle laisse sur l'image du premier joueur
et sur le dos de la dernière carte

et si c'était un petit carton
perdu dans une pilée d'autres
qui représente une saison
et toute une mythologie
que l'on range avec précautions
parmi toutes les années de l'histoire
pour éveiller en un regard
la mémoire de grands matchs
de bizarreries et de petits exploits
quand ce sont les anecdotes qui font le connaisseur

et si c'était ma photo
sur ce petit carton
avec au dos ma carrière
dans la Ligue Nationale
ce simple petit carton serait une preuve indéniable
il serait une certitude
celle d'un rêve d'enfant
qui aurait été vrai
pendant quelques années

POÈME O-PEE-CHEE

quand ton parfum
au creux de ma paume
ne m'était pas encore un talisman
il y avait là une odeur de poudre sucrée
de gomme à mâcher un peu savonneuse
et de carton fraîchement imprimé

cela se passait dans la cour d'école
de main à main ou du mur aux boîtes à chaussures
les cartes changeaient de propriétaire
encore bien plus vite que les billes
et les externes servaient de rabatteurs

c'était au temps des six équipes
bleu blanc rouge
rouge blanc bleu
rouge blanc noir
rouge et blanc
blanc et bleu
et une seule avec du jaune
ou de l'or
et qui portait mon initiale
la seule qui permettait de ne pas être banal
puisque tous prenaient pour les mêmes

il y avait alors des mercredis soirs en noir et blanc
toujours partagés entre Montréal et Toronto
un simulacre de Canada
jeté en pâture à nos jeunes hivers
et des samedis soirs sensationnels
qui rajoutaient trois étoiles à nos ciels

pour les autres jours
par nos petits cartons
l'impression de posséder nos héros
la possibilité de rêver sur eux
de savoir leurs statistiques
et de tenter de les imiter
sur la glace entre les cours
ou même à pied dans les rues

on avait alors un paquet pour cinq sous
aujourd'hui c'est quarante-cinq
et chacun des anciens vaut au moins trois dollars
les stars jusqu'à quelques centaines
et cela déjà mesure le poids de mon âge
quand je te raconte comment j'étais petit
et quand je le reste
sur la patinoire
devant la télé
ou en regardant mes cartes de hockey

AU CRU DU VENT

en plein jour sous deux faibles lumières
par l'électricité de leurs corps
et pour la joie de quelques enfants aux bottes sans lames
une poignée de patineurs se disputent une rondelle
imaginaire
les bandes les clôtures les cloisons des maisons
tout se partage le même bois
les tuques et les bonnets d'aviateurs sont à la mode
peut-être même obligatoires pour tous
la neige prend la teinte usée des murs sombres
les têtes sont comme les choses
dans la rigueur de ce décor et la rigidité de l'hiver
sous le froid ou le manque un arbre tord sa solitude
en contraste avec les échelles et les escaliers
comme un rappel du mollet des joueurs aux uniformes
mélangés
un numéro six de dos paraît en évidence
sur cette petite patinoire aux formes incertaines
sans lignes et sans buts
pauvre comme le village
deux à deux les fenêtres restent closes
comme toutes les paupières
fermées sur le frimas ou l'horreur
pas étonnant que la rondelle s'entête dans l'invisible
dans cette tempête naissante
mais tout cela c'était il y a longtemps
l'intensité était grande
pendant des heures
même passer la gratte était un instant dramatique
et les bouches fumaient
au cru du vent

LA FIÈVRE DU PRINTEMPS

avec mon chandail des Bruins
et mon numéro sept
je suis Phil Esposito
un de mes voisins fait Ed Giacomin
son petit frère Brad Park

directement dans l'enclave
je reçois une passe de mon cousin Ken Hodge
une feinte des épaules
lancer du poignet sec
et c'est le but
partie supérieure

pendant les célébrations
se lance dans la partie Gerry Rochon
il ne cesse de nous répéter
un bon lancer est bas dur lourd sec et précis
il se prépare pour le prochain repêchage
récitant les noms des gros trios juniors
  Dave Gardner – Steve Shutt – Billy Harris
  Don Lever – Steve Stone – Morris Titanic
  Tom Lysiak – Boyd Anderson – Lanny Mcdonald

je lui fais une passe en diagonale
et c'est l'arrêt
il prend son retour
il lance...et compte
la balle de tennis pénètre dans le filet pliant

des vestiges de glace craquent sous nos bottes
ce soir il y a un match à la télé
demain du junior à l'aréna

c'est le printemps
dans l'entrée du garage

DEUXIÈME PÉRIODE

«Nous étions cinq Maurice Richard contre cinq autres Maurice Richard.»

Roch Carrier

«Les spectateurs croient que les joueurs de hockey ne sont pas très intelligents. Je pense qu'ils jugent trop vite.En tout cas, le jeu de Béliveau c'est de l'intelligence pure.»

Jacques Poulin

CZECHOSLOVAKIA
NY

«Non je ne jouerai jamais pour le coach»

Josée Yvon

UNE SAISON DANS LA LIGUE JUNIOR MAJEURE DU QUÉBEC

allume tes patins
entend-on dans la foule
quand le jeu met en échec la banalité du réel
et lance l'imagination en échappée
dans les mots

les Harfangs prennent leur envol
les Cataractes anéantissent les Draveurs
les Lynx pourchassent les Bisons
les Voltigeurs dominent les Olympiques
le Collège Français en déroute
les Draveurs matent les Cataractes
les Tigres sortent leurs griffes
le Titan perd la tête
duel Lynx-Tigres
les Bisons presque éliminés

et en finale
le Laser élimine les Cataractes

et les images s'accumulent dans la mémoire collective

GÉNÉTIQUE 1

la vision périphérique de Wayne Gretzky
avec le feu des yeux de Maurice Richard
la vitesse de Bobby Orr
avec les feintes de Denis Savard
les poignets de Michael Bossy
avec la force de Bobby Hull
les coudes de Gordie Howe
avec les poings d'Orland Kurtenbach
la taille de Mario Lemieux
les épaules de Cam Neely
la frappe de Guy Lafleur
l'élégance de Jean Béliveau
les hanches de Bobby Baun
l'apparence de Derek Sanderson
le caractère de Pierre Larouche
le coeur de Ken Linseman
les chevilles de Valary Kharlamov
avec la résistance de Vladimir Krutov
le sourire de Vladimir Petrov
les facéties de Phil Esposito
le rêve des dépisteurs
dans la mêlée
sur le jeu de puissance

GÉNÉTIQUE 2

la taille de Ken Dryden
l'inventivité de Jacques Plante
le lancer de Ron Hextall
la combativité de Gerry Cheevers
les acrobaties de Roger Crozier
la durabilité de Glen Hall
les nerfs de Terry Sawchuck
l'expérience de Johnny Bower
la bonhommie de Lorne Worsley
le réflexes de Vladislav Tretiak
et son sourire
les blanchissages de Bernard Parent
et ceux de Tony Esposito
les jambières de Réjean Lemelin
la mitaine de Grant Fuhr
et la jeunesse de Patrick Roy
derrière le masque
une bouteille d'eau sur le filet
et déjà dans son dos
l'ombre d'un substitut

LA GÉNÉTIQUE DES DÉSIRS

la génétique des désirs
fabrique les nouveaux monstres
un nouveau celui-ci
un second celui-là
le cirque des clones
le merveilleux bionique
sur les listes de repêchages
casse-tête de chroniqueur
le mythe de Frankenstein
dans la sauce hitlérienne
fantasme de fanatique
naufragé dans les rêves

REPÊCHAGE

sur le plancher
autour des tables
les fonctionnaires du sport
tâchant d'équilibrer la statistique et l'instinct
d'imaginer la faille du rêve
d'intuitionner le miracle
qui fera une étoile du plus banal

derrière la baie vitrée
les grands adolescents finissants
hypnotisés
les regardent
dans les estrades

on joue avec leurs noms
que l'on tire tour à tour
pour les afficher au tableau noir
tandis qu'ils restent là nerveux
comme de grandes bêtes heureuses
même si c'est jour d'encan

ils ont la tête pleine
de couleurs de sigles de légendes
et la joie suprême est de descendre
essayer un chandail
devant des photographes
si on les appelle jamais

les autres retourneront chez eux
larme à l'oeil mains vides
coeur en ébullition
jeunesse perdue
sans avenir
comme des punks
ayant raté leur million

LE MENEUR

l'ascendant de Milt Schmidt
l'aura de Sid Abel
le chapeau de Punch Imlach
ou celui de Billy Reay
les lunettes d'Alger Arbour
les colères de Toe Blake
les astuces de Scotty Bowman
l'entregent de Michel Bergeron
l'arrogance de Glen Sather
l'autorité de Boris Kulagin
l'humour de Phil Watson
un instructeur
un monstre
une mère-poule
un dictateur
voilà notre homme

pratique demain matin
de huit heures à midi

ARÉNA

il y a comme une fraîcheur
quand c'est vide
et le blanc nous éblouit
comme le rouge et le bleu des lignes
délimitant les aires de jeu
et puis ce qui fascine
ce sont ces bancs
qui grimpent jusqu'au ciel
et qui lorsqu'ils sont pleins
font tant de bruit tant de chaud
et si peur

il y a le cadran où s'inscrit ce qui compte
dans le réel des matchs
et ce qui se passe ailleurs
en vertu de notre classement
et un peu partout dans l'enceinte
l'odeur du passé
l'histoire la gloire la renommée
qui font trembler un peu
simplement à l'idée
d'enfiler son chandail

alors que pour d'autres
ce n'est qu'une odeur du plaisir d'être là
une rumeur de bière ou de frites
le droit d'hurler ou de huer
d'applaudir et de se croire forts
et à l'entracte d'acheter des souvenirs
qu'ils tenteront de faire signer
dans les centres-d'achats
partout où les joueurs croient se relaxer
loin d'eux

heureusement il y a la chambre des joueurs
et même la salle des soigneurs
les soirs où la cohue change le vestiaire en salle de presse

À L'ENTRAÎNEMENT

des exercices en gymnase
des tests de condition physique
de la musculation
des éreintages de patinage
en huit entre les pylônes et des sprints
des tirs encore des tirs
de tous les angles
du poignet du revers
frappé et balayé
des passes et des contres
des heures et des heures
des jeux simulés
répétitions de scènes sacrées
les muscles en confiture
et les nerfs en spirales
dans la sueur totale
à avaler sa gorge

«Ce n'est pas un fantôme.
C'est le costume de gardien de but de Laurent.»
Louise Leblanc

«Le cerbère défend merveilleusement
la cage des Glorieux.»
Yves Boisvert

TROISIÈME PÉRIODE

«Les poètes chanteront ce but.»
Michel Normandin

«Le pays entier surveille
une rondelle.
Un duel de bâtons
et d'éclairs d'argent.

Le froid frappe
et compte.
Le sang d'un joueur
tache la glace.»
Paule Doyon

Shell
PEUGEOT
TALBOT
CAEN

«Il n'y a plus rien
que de t'aimer au hockey»

Denis Vanier

RITUELS

comme toujours les hymnes nationaux
même si les équipes n'ont rien de national
ni l'enjeu
comme toujours la présentation des joueurs
amassés à leur ligne bleue
dans une supposée immobilité
où il vaut bien mieux bouger légèrement les pieds
comme des soldats à l'attention
agitant les orteils dans leurs bottines
pour la circulation
et rester chauds

assez souvent quelques dignitaires font une mise au jeu
aussi officielle qu'inutile
entre capitaines
avec poignée de main hypocrite ad hoc
un tour de parodie

mais surtout avant chaque période
le circuit de la Zamboni
sur toutes les patinoires du monde
comme un rituel de l'indispensable

pas surprenant que l'inventeur ait eu un doctorat
  honorifique

MISE AU JEU

cinq lignes
cinq cercles
cinq joueurs en blanc
cinq en couleurs
deux gardiens
deux buts
deux bancs
trois arbitres
trois périodes
mais une seule rondelle
et tout part de là

malgré la fixité de la mise en scène
le probable tout comme l'impossible
à chaque seconde
peuvent advenir

PREMIÈRE PRÉSENCE

le bruit des lames entame enfin la glace
quand la bande sert l'enjambement
entre le désir et la fierté
à partir d'une simple tape dans le dos
l'adrénaline fait sa montée
en échappée

la rondelle tombe
claque la glace
le rêve part
à toute allure
vers la frontière de la ligne bleue
où transporter à nos risques
le petit disque noir
dans la rumeur et la fureur
comme un unique tracas

nos yeux voudraient faire le tour de nos têtes
pour éviter les coups et les couleurs des autres
éluder les genoux les coudes et les bâtons
qui pleuvent plus on approche du but

parfois soudain dans une trouée
filer vers le filet
hors l'aile
et dans un transfert de poids
mettre ce qu'on peut dans un boulet
mais un corps en grand écart
dessine le gardien
gardant éteinte la lumière rouge
et tout se stoppe sur un sifflet

les cous s'arquent alors vers le temps du cadran
cherchant quelques lueurs
dans les fanions pendus à la toiture
et l'énergie remonte dans la poitrine et la gorge
tout va reprendre dans un grand cercle

en attendant
le souffle se cherche

encore quelques secondes
et l'on retourne au banc
avec le seul désir de revenir
dès que l'entraîneur donnera le signal
au joueur nouveau-né

PREMIER TRIO

les trois premiers à sangler leur casque
les trois premiers à sauter sur la glace
soixante minutes à patiner en tout sens
les nerfs tendus
l'oeil aux aguets
prêts à intervenir dans l'action
malgré les quolibets et les projectiles
au centre du trafic et des collisions
au coeur des bousculades

et toujours les huées
pour le chandail rayé
à chaque coup de sifflet

ATTAQUANT

cheminer hors l'aile
par grandes enjambées
comme nonchalamment
mais allègrement
pour perdre son ombre
l'endormir dans son tempo

et puis jaillir soudain
à la faveur d'un lob
à pleine tension des mollets
à travers bâtons et genoux
entre blessures et coups
comme une bombe à retardement
un kamikaze venu de nulle part
à toute vitesse

feinter en zigzags
pivoter encore et encore
pour tout déjouer

et de la gauche
couper droit au filet
engerbé d'étincelles de givre
et du bout des bras
balayer le disque doucement
derrière la dernière ligne
par-dessus le gardien
pour la rouge lueur des bravos
et la noire lueur des journaux

et ainsi
tant que le corps en est capable

À LA LIGNE BLEUE

au fond cela n'a pas de sens
de reculons aller aussi vite que les avants
quand ceux-ci se lancent à l'attaque
avec en tête le score de la partie
et les bonis de leur contrat

cela n'a pas de sens
se jeter en plus le corps dans leur course
ou bien faire rempart à leurs meilleurs boulets
ou bien tenter de couper leur passe vers l'ailier esseulé

qui compte les mises en échec
et les attaques brisées
qui pense à nos meurtrissures
plutôt que d'additionner nos erreurs
dans la colonne des plus ou des moins

l'instructeur
le gérant
le propriétaire
faut le souhaiter
surtout pendant l'année d'option

DEVANT LA CAGE

aimer se blottir derrière son armure de cuir
se ramasser soi-même comme un écran
prêt à presser au dernier instant
la détente de son propre déploiement
l'éclatement névrotique d'une arabesque dissimulée

prendre goût à défier les tireurs
à se lancer dans la probable trajectoire
devenu cible mobile
chercher l'atteinte du projectile
dur lourd rapide
chocs violents
comme un phantasme de son instinct suicidaire

sous les coups fréquents
sous les morts répétées
comme des assassinats de théâtre
où les coups non mortels sont pourtant bien réels
la sueur perle au visage
entre peau et masque
les cheveux mouillés
comme sous la douche collent au cou
et les jambes deviennent lourdes de tout cet attirail

cette main n'existe plus d'enserrer le bois
et cet autre bras
serpent le long du corps
toujours prêt à bondir
pour piquer au vol l'aigle
qui fond sur lui telle une pierre de fronde
et puis au creux du bras

cette meurtrissure qui n'en finit plus de s'étendre
d'ankyloser
et de faire fondre le corps

derrière son dos
à travers la vitrine de la foule
à travers le filet de la cage
cette grosse lumière rouge
comme un soleil de honte
qui tantôt enfin verdira

et eux derrière
qui ont un masque pour tous
quand il est seul dans le sien
avec cette eau de peur
au creux de chaque jointure
avec cette fureur de faire face au destin
et derrière lui
l'écrin tragique des mailles de l'échec
vers lequel à genoux il se retourne
vers ce boulet
qu'il n'a pas atteint

DE BOUT EN BOUT

que fait donc là ce petit homme
tout alourdi d'attirail
à gesticuler comme un perdu
dansant sur ma ligne d'horizon

bien sûr ma vue est courte
derrière les broches
et lui est presque adossé à la bande
mais il se jette dans tous les sens

je l'observe
parfois je l'admire mais je le hais
et mes nerfs suivent presque ses arcs
pourtant tant qu'il bouge je suis tranquille

parfois c'est lui qui m'observe
parfois je l'imite et parfois il me bat
il est comme moi à quelques couleurs près

comme moi il guette le noir
et craint par-dessus tout la lumière
le gardien de l'autre bout

CALENDRIER

de grands panneaux muraux
ou de petits cartons pliables
tout le programme de ce qui va se produire
un monde en raccourci

les naturels

Canadiens versus Insulaires
Rangers versus Baleiniers
Éperviers Noirs versus Ailes Rouges
Volants versus Jets
Sabres versus Rois
Flammes versus Capitales

les non-sens

Pingouins versus Nordiques
Insulaires contre Baleiniers
Jets contre Étoiles Polaires
Pingouins contre Oursons
Flammes contre Diables
Canadiens contre Feuilles d'Érable

des mots qui vont de pair
d'autres forgeant des images impossibles
et pourtant
chaque équipe
à chaque fois
sujette aux quolibets comme aux hourras
mais aussi aux multiples métaphores
aux frontières du cliché et du surréel
allume le flambeau des légendes

CHANDAILS

venir du Lac Saint-Jean et porter la feuille d'érable
naître en Suède et jouer pour les Canadiens
être doux et paisible et arborer une féroce tête d'indien
craindre la police et jouer pour les Rangers
ne pas savoir conduire et évoluer dans la ville de
  l'automobile
ne pas avoir d'agressivité et porter le chandail des big bad
  Bruins

chanter faux et jouer pour les Blues
avoir peur en avion et s'aligner pour les Flyers ou les Jets
ne pas avoir le sens de l'orientation et faire partie des
  North Stars
sans sang bleu faire l'équipe avec les Kings
détester le poisson et jouer pour les Penguins

ignorer qui était John Canuck et chambrer à Vancouver
ne jamais aller au zoo et jouer pour Buffalo
avoir peur des chevaux et être repêché par Calgary
être échangé à Edmonton sans connaître quoi que ce soit
  au pétrole
être apolitique chez les Capitals de Washington

ne pas trouver la sortie d'autoroute pour Long Island
ni pour le New Jersey
jouer sans assurance à Hartford
venir d'Ottawa et porter un chandail fleurdelysé

et la feuille d'érable de la Coupe Canada

il y a de quoi un soir par année ne voir que des étoiles

SURNOMBRE

à cause de l'assurance
à cause de ton contrat
pour ton talent
on t'oblige à porter une visière

une vingtaine d'adversaires
autant de coéquipiers
les instructeurs gérants agents éclaireurs
les yeux

une centaine de journalistes
une vingtaine de photographes
20,000 personnes dans les gradins
2 millions devant la télévision
les yeux

mise au jeu
surnombre
et te voilà seul devant le filet
la rondelle sur la palette
à décider de l'avenir
à inventer l'histoire
à écrire les nouvelles

le gardien
le poteau
le disque
ton bâton
les yeux

«il lance...»

INSOMNIE

voyages au quatre coins de l'Amérique
même en Europe de temps en temps
perpétuels décalages
dans les avions et les hôtels
comme avant dans les autobus
et puis les journalistes
toujours à l'affût
qui de l'écrit qui de la télé qui de la radio
pourra trouver à dire ce que les autres ignorent
et qui mettra l'équipe dans l'embarras

et la pratique de ce midi
et encore un match demain
contre le meilleur club
et l'on se demande comment ne pas avoir l'air fou
sur des dizaines de pages dès le déjeuner du lendemain
sur toutes les tables de l'Amérique
dans tous les yeux toutes les oreilles
même celles des parents des amis des enfants

MYSTÈRE

il n'y en a pas sur la patinoire
il n'y en a pas dans les vestiaires
on n'en veut pas dans les avions
encore bien moins dans les hôtels

mais où sont-elles

il y a les épouses et les maîtresses
il y a les groupies et les fanatiques
il y a aussi quelques spectatrices

et puis les scandales
les affaires de moeurs
des placières des vendeuses des secrétaires

et quelque part un peu dans l'ombre
un autre but de France Saint-Louis
des joueuses qui gagnent le premier championnat du
  monde
les journaux titrent «Canada Rose»

PARTAGE

chaque but de l'adversaire
entre dans nos poitrines
nous choque
et nous chagrine
comme de petits deuils

à chaque attaque
on courbe sur nos sièges
comme si l'on pouvait pousser sur la rondelle
du banc des joueurs
du siège de l'aréna
de la chaise de la brasserie
ou du divan du salon

et nous soufflons tous à la fois
quand notre gardien saisit enfin la rondelle
et nous voilà tous fiers forts et pleins de gloire
quand la victoire vire de notre bord

et c'est cela qui fait une équipe
une appartenance
une passion

à tout moment des gestes innés s'esquissent
dans nos chevilles et nos poignets
on joue notre partie
seul à seul avec la fiction
face à face comme pour un lancer de punition

parfois un inconnu se met à vous parler
quelque part dans le monde même en été
parce que vous portez le chandail de son club préféré
ou un autre

GARDIEN BLEU-BLANC-ROUGE

entre la gobeuse et le biscuit
le disque s'immobilise

entre le coeur et la rondelle
la poitrine
le plastron
et puis la Sainte-Flanelle

ayant fait l'arrêt
il sourit derrière son masque
la sirène marque la fin du match

il songe à ses complices
les fantômes du Forum

ÉLIMINATOIRES

dix parties hors-concours pour conserver son poste
quatre-vingt matchs pour obtenir la qualification
pour se lancer contre un adversaire
le premier qui gagne quatre parties
parfois deux semaines de stress et de combat
dans les rumeurs et les commentaires qui fusent de partout
le risque à chaque seconde
au bord d'être un héros
ou bien bouc émissaire
surtout en supplémentaire
où il faut un gagnant
quelles que soient l'heure la fatigue la douleur
on joue jusqu'au prochain but
en anglais on dit
    mort instantanée

LA COUPE

parfois au bout d'une campagne
longue comme une gestation
avoir enfin le droit de disputer la finale
au bon endroit au bon moment
ce qu'ont raté bien des grands
et réussi bien des *plombiers*

certains perdent cinq livres par joute
d'autres vomissent entre les périodes
pour la voracité des fans et celle des dirigeants
pour la gloire et pour l'argent
sans souci pour la santé
les vieilles blessures
la chaleur la vapeur
dans ce hockey du mois de mai
où il ne reste qu'une équipe à battre
pour être dans l'histoire
et graver son nom dans l'argent
sur le plus vieux trophée du sport
en faisant pleurer père et mère
tout en augmentant son salaire

mais par-dessus tout
être un enfant qui a réussi
être un gagnant
faire que soudain coïncident
le réel et le rêve
au bout de ses bras
dans l'éclat gris de la Coupe Stanley

ÉCHANGE

se lever un matin
devenu étranger
forcé à déménager
vers une autre des vingt et une succursales
dans l'industrie du sport majeur
employé d'une étrange compagnie
nommée Ligue Nationale

changer d'amis de coéquipiers
de voisins de quartier
parfois de langue
changer d'uniforme de couleurs de numéro
après quelques années d'habitude
et parfois contre quelque obscure
considération future

partir donc les patins à la main
l'inconnu dans l'âme
et l'incompréhension
avec aussi quelques bâtons
sauter dans l'avion
rejoindre l'équipe nouvelle
dans un autre combat

et pour un soir
être le point de mire
non par la performance
mais pour l'étrangeté

FATIGUE

parfois on n'arrive plus à imaginer
comment stopper un avant
ou contourner un défenseur
on n'arrive à rien
sinon à faire de la figuration
à être sur la photo
pour le but de l'adversaire
aux nouvelles du sport
et dans le cahier ad hoc
et l'on se souvient d'autres soirs
où tout était si fluide
quand on déjouait n'importe qui
d'une seule main
comme si de rien n'était
et ces souvenirs-là tombent dans les patins
les font plus lourds encore
et sans qu'on ait le temps de revenir au réel
ils marquent une autre fois
l'instructeur ne vous cloue pas au banc
et la partie a toujours des secondes à offrir à la curée

FIN DE CARRIÈRE

vient un temps où le désir s'élime
comme les lames
aucune pierre alors
ne saurait ranimer la glace
ses étincelles
et ses éclats

le moindre instant du jeu
soudain a égaré
cette fraction de seconde
qui faisait tout son feu

passé la trentaine
du plomb dans les jambières
jette des imparfaits et des conditionnels
dans la bouche des commentateurs

les rumeurs parlent d'échanges
et les amateurs
de la retraite

le souffle est rare
comme la magie
heureusement de temps en temps
quelqu'un fait dévier un tir dans la foule
et la rondelle se change en souvenir

«Il n'arrête pas de me parler de Ken Dryden, de Tretiak et de Jacques Plante. Ce sont des gardiens qui jouaient dans son temps. Non seulement ils gardaient les buts,mais aussi ils écrivaient des livres pour donner des trucs aux autres.»

François Gravel

«Nos bras meurtris vous tendent le flambeau
À vous toujours de le porter bien haut»

John McRae

UNE DYNASTIE
DU HOCKEY
BLUE
BOMBERS
Cooper

DANS LES COULISSES

de vieilles stars bedonnantes et grises
se traînant mélancoliquement
dans des spectacles d'anciens
des tournois de golf
ou des tavernes
les mêmes qui bredouillent leurs fautes et leurs clichés
derrière les micros du samedi soir
au nom de la nostalgie

comme si un repli pouvait ne pas être défensif

POSTÉRITÉ

la Comète Blonde
la Merveille Masquée
le Rocket
la Merveille
le Démon Blond
Monsieur Hockey
Monsieur Zéro
le Concombre de Chicoutimi

les dieux sont rentrés dans leur temple
au clou de la renommée
ils ont accroché leurs patins
et le peuple fidèle vient admirer les reliques suspendues

dans l'oeil une larme nostalgique
à l'âme un petit goût d'éternité

L'APRÈS-CARRIÈRE

soir après soir
de long en large
marcher derrière un banc d'adolescents
conseillant gueulant gesticulant
comme si c'était de vrais matchs comme avant
ou comme si le retour aux grandes ligues
était encore possible

soir après soir
d'un océan à l'autre
dans les arénas de villages toujours plus éloignés
regarder des joueurs par milliers
des joutes par centaines
au cas où l'un ferait l'affaire
de notre ancienne équipe
qui a encore des chandails à remplir

que faire d'autre à trente-cinq ans passés
pour rester un peu dans la partie
malgré la maison la voiture la piscine
le commerce la famille et les rentes assurées
si tout a bien marché

et dans le journal
de temps en temps
un autre ancien joueur
peut-être un ex-coéquipier
mal tourné dans la dèche
ruiné ou décédé

quelques lignes agathe pour le souvenir

SUR LA TABLE

sur la glace la rondelle claque
comme avant
mais les passes ont soudain un son métallique
les mises en échec ont disparu
comme les rumeurs de foule
mais subsistent les plaisirs du souvenir
et le bonheur de marquer encore
de jouer
et de gagner la partie
même au bout des leviers
derrière les ressorts
sur la table de la salle de séjour
grand-père contre petit-fils

LA RELÈVE

et tout à coup apparaît
sur la liste d'une équipe
un jeune sortant du junior
dont le père l'oncle ou le grand-père
a joué dans la Nationale

et cela ranime les mémoires
réimprime de vieilles photos
réinvente les mythes
donne un sens à l'histoire

POUR LE VRAI

seul sur la patinoire du coin de la rue
les deux lames bien plantées dans la glace
se prenant pour une vedette
un autre petit enfant
libéré dans l'enclave
attend une passe imaginaire
pour secouer les cordages
marquer le but le plus important du monde
dans sa fiction prémonitoire
il pousse la rondelle dans le filet
en perdant pied
mais dans une joie réelle
avec un petit cri plein de fumée froide
il lève les bras au ciel
vers les étoiles

EN ÉCHAPPÉE

«Quant aux Bruins,ils quittent rapidement le banc,
jaillissant par-dessus la bande,dans une vague
de noir et d'or.»

George Plimpton

«Avoir toujours la flamme de vérité
Savoir toujours choisir
Entre l'ombre et la lumière»

Guy Lafleur

à Pierre, Jean, Sylvain, Yves, Michel, Pierre, Roger, Stéphane, Patrice, Martin...

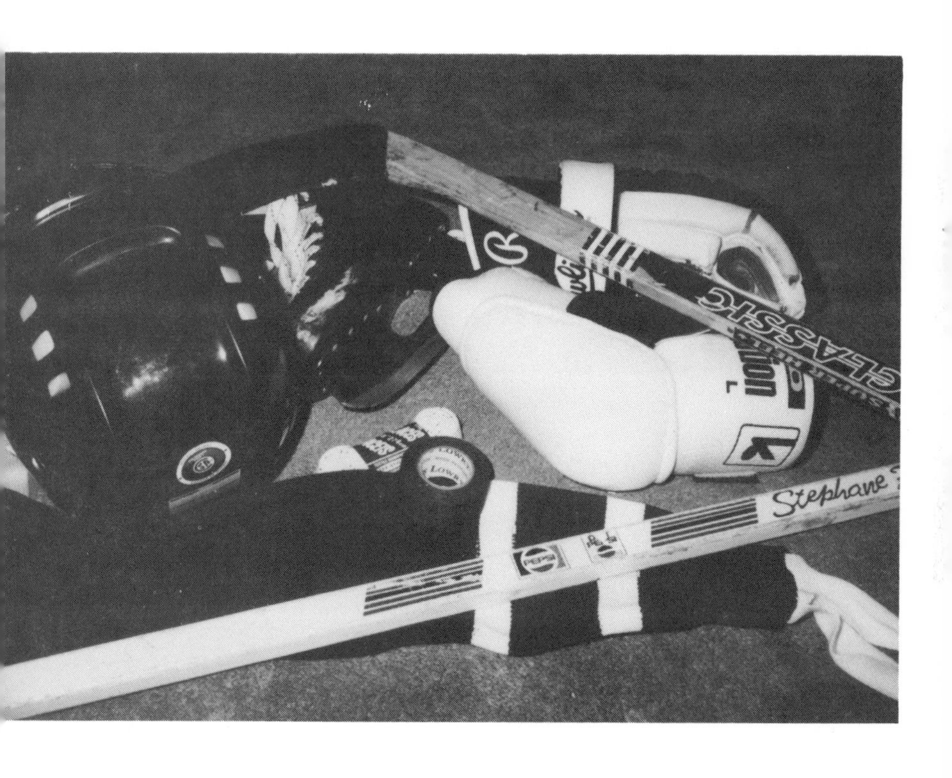
Stephane
PEPSI

NUMÉRO 1

en automobile vers l'aréna
une cassette dans le chargeur
«La chanson du gros Bill»
«Maurice Richard» de Pierre Létourneau
«Hockey» de Beau Dommage
«La coupe Stanley» de Georges Langford
dans la mémoire les toiles de Serge Lemoyne
et à l'arrière le sac et les bâtons
pour concrétiser les fantasmes
dans quelques kilomètres
écrire de l'inédit sur le blanc de la glace
comme des vrais

NUMÉRO 2

sur un autre plan
tout comme les poètes
les sportifs donnent leur nom aux choses

donc aréna Marcel Bonin
le mercredi midi
j'enfile mon chandail gris
ses bandes noires et orange ne rappellent aucune gloire
malgré le numéro 9 et le C du capitaine
comme si je les avais mérités
autrement que par hasard
par habitude
par fétichisme
superstition

NUMÉRO 3

entre son sérieux et les blagues
chacun enfile son équipement son uniforme
bientôt à plein corps
on se jette dans l'anti-pensée
même si le souffle les jambes les bras
n'épousent pas toujours la courbe des désirs et des rêves
parfois la réaction est si lente
pour un jeu aussi simple
si appris et si su
il manque une grosse fraction de seconde
à être jeune encore

NUMÉRO 4

une pause en pleine action
les autres nous épuisent
on se passe la bouteille d'eau
il fait sec partout à l'intérieur du corps
même si c'est humide à la surface
avec parfois le feu dans les reins
pourtant on se dit que cela fait du bien
comme pour s'excuser de reprendre goût à l'enfance

à la sueur se mêle
une goutte infime d'éternité

NUMÉRO 5

dans tout ce sang qui bouillonne
des courbatures
des hématomes
des ecchymoses
en offertoire au plaisir

le monde se renverse
dans l'ironie de la matière
la glace sur le joueur

à la sortie de toutes les patinoires
jour et nuit
sur son axe de psyché
le même miroir se révulse

NUMÉRO 6

personne ne sait combien de fois on a marqué
les journaux sont muets
et les estrades sont vides
mais encore une fois
comme toujours
contre les situations
les émotions l'emportent

après avoir déjoué le quotidien
complétant son tour du chapeau
dans les filets de l'ennui
le plaisir marque un but

CANADIENS
MAPLE LEAFS
BLACK HAWKS
BLACK HAWKS
BOBBY HULL
EDMONTON OILERS
BRUINS
RED WINGS
RANGERS
BOSTON BRUINS
ROD GILBERT
BRETT HULL
Right Wing
THUNDER
NIAGARA FALLS THUNDER
Flint Spirits
JOHN CULLEN
CENTRE

Bernard Pozier (C)

DU MÊME AUTEUR

Poésie:

À L'AUBE, DANS L'DOS..., Écrits des Forges, 1977

AUT'BORD, À TRAVERS!, A.P.L.M, 1979

PLATINES DÉPHASÉES, Sextant, 1981

45 TOURS, Écrits des Forges, 1981

LOST ANGELES, L'Hexagone, 1982

BACILLES DE TENDRESSE, Écrits des Forges, 1985 et 1989

CES TRACES QUE L'ON CROIT ÉPHÉMÈRES, Écrits des Forges et La Table Rase (France), 1988

UN NAVIRE OUBLIÉ DANS UN PORT, Écrits des Forges et Europe Poésie (France), 1989

PLACE KLÉBER, L'Arbre à Paroles (Belgique), 1991

LES POÈTES CHANTERONT CE BUT, Écrits des Forges, 1991

NADIE SALE ILESO DEL POEMA, Horizonte del poema, 1991

Prose:

CAROLINE ROMANCE, Arcade, 1983

Essais:

TÊTE DE LECTURE, Écrits des Forges, 1980

GATIEN LAPOINTE L'HOMME EN MARCHE, Écrits des Forges, La Table Rase (France) et Schena (Italie), 1987

En collaboration:

DES SOIRS D'ENNUI ET DU TEMPS PLATTE, A.P.L.M., 1976 (avec Yves Boisvert)

MANIFESTE: JET / USAGE / RÉSIDU, Écrits des Forges, 1977, (avec Yves Boisvert et Louis Jacob)

CODE D'OUBLI: Écrits des Forges, 1978 (avec Yves Boisvert et Gilles Lemire)

DOUBLE TRAM: Écrits des Forges, 1979 (avec Louis Jacob)

AU CRU DU VENT: Écrits des Forges et Musée d'art de Joliette, 1990 (avec Donald Alarie)

LÈVRES URBAINES N° 22, 1991 (avec Franck Venaille)

Direction d'ouvrages:

OUVREZ L'OEIL SUR LE POLICIER, Foire du livre de Lanaudière, Joliette, 1988

CHOISIR LA POÉSIE EN FRANCE, Écrits des Forges, 1988

PARLER 101, Écrits des Forges/C.S.N., 1989

LA POÉSIE AU QUÉBEC (REVUE CRITIQUE) 1989, Écrits des Forges et Cégep Joliette-De Lanaudière, 1990

POÈTES QUÉBÉCOIS, Écrits des Forges et Le temps parallèle (France), 1991; Écrits des Forges et Koudhia (Sénégal), 1991 (avec Louise Blouin)

SOMMAIRE

Cet ouvrage, composé en times corps 11 par
COMPOGRAPHIE 2000 inc.,
sous la direction de Louise Blouin,
a été achevé d'imprimer pour le compte
de l'éditeur Les Écrits des Forges,
sur les presses Les Ateliers Graphiques Marc Veilleux Inc., à
Cap-St-Ignace, Québec, en octobre 1991.

Imprimé au Québec